# RETOUR À CAMP-PERRIN

© **Elsie Suréna**
2e édition
elsiesurena@yahoo.fr
Editorial Bukante
Tous droits réservés

**Dépôt légal** Nº 12-09-358
Bibliothèque Nationale d'Haïti

**ISBN** : 978-99935-7-273-2

**Distribution** :
Communication Plus... Division Livres
B.P. 13205 Delmas
complusa@yahoo.com
Haïti HT 6110

**PAO et graphisme** :
Editorial Bukante
editorial@bukante.net
www.bukante.net
Delmas, Haïti

**Couverture** :
Mireia Porta i Arnau

Décembre 2012

Elsie SURÉNA

# RETOUR À CAMP-PERRIN
## Nouvelles, haïbuns et récits

Décembre 2012
Editorial Bukante

À Doune,
*sœur-amie qui a toujours pris mes rêves et mes passions au sérieux, contribuant souvent à leur donner des ailes. Du fond du cœur, merci encore et toujours.*

Elsie

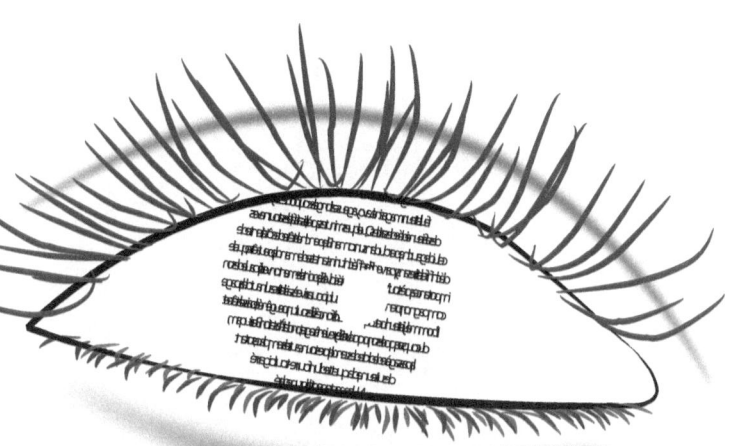

# UNE LECTRICE DE TROP

ARTINE SE FAUFILE dans une rame de métro déjà bondée à Pie IX, heure de pointe oblige à Montréal comme ailleurs. Après un moment, le manège d'une brunette incapable de se concentrer sur l'ouvrage tenu en mains attire son attention.

Elle jette des regards furtifs à ses voisins immédiats. Celle de droite feuillette un magazine. La voyageuse allonge le cou pour essayer de se faire une idée des articles. Quelques minutes après, l'air satisfait, elle se tourne vers celui de gauche perdu dans un roman. Elle penche la tête de côté, tente de déchiffrer le titre sans y parvenir. Elle réfléchit un instant et se demande, peut-être, quelle importance après tout. Mais non, la voici qui récidive. Elle pointe le menton vers l'épaule de son compagnon, prend même appui sur lui pour arriver à saisir le titre au haut de la page. L'homme lui jette un bref coup d'œil, sourcils froncés. Elle sourit un peu gênée, baisse la tête et du coup, se rappelle son propre livre.

Elle y revient à regret, on dirait. À la station Berri-uqam, la passagère de droite descend et presto une autre la remplace, sortant de suite une plaquette d'un fourre-tout bigarré. Nullement repentie, la brune dame reprend sa quête, l'œil allumé.

Martine change de ligne à Lionel-Groulx, persuadée que les obsessions de nos semblables ne sont pas toujours celles qu'on pense.

# THIOTTE EN FÉVRIER

*À Edgard Jeanniton*

UNE ACCIDENTELLE TÂCHE de rouge tombée d'un pinceau négligent au milieu d'un vaste camaïeu de vert, voilà Thiotte en février. Les branches bien étalées de protectrices immortelles en fleurs illuminent des îlots de caféiers près des routes dominées de grands pins aux bras frileux, la cime perdue dans la brume des aubes calmes et humides.

Chaque jour au petit matin se répand joyeusement à la ronde, telle une bonne nouvelle, l'arôme invitant du noir et brûlant breuvage.

le tout-terrain freine

regard d'adieu à la ville -

lointains sons de cloche

# DÉCOUVERTE
# DE VACANCES

*À Anna Vital*

XPÉDIÉES À CATICHE pour les vacances d'été, ma cousine et moi, nous partîmes tôt ce matin-là cueillir le pois rouge qui avait mûri au jardin de l'oncle Raoul, en compagnie de son fils du même âge que nous. Après environ trois quarts d'heure de marche, nous avions atteint la parcelle en question et nous nous mîmes au travail presque aussitôt.

Le sac de jute à moitié rempli, nous fîmes une pause. Assis à l'ombre d'un manguier francisque, nous avons déballé les cantines de bananes pobans et de hareng barrique en sauce accompagnés d'un grand pot de citronnade. Nous nous racontions les blagues de l'année scolaire écoulée quand, sans savoir comment, nous nous sommes retrouvés en train de parler du sujet défendu par excellence : les parties secrètes de notre anatomie. Celles précisément que je devais éviter de regarder lors de la « toilette de bas ».

Je ne me rappelle plus qui en eut l'idée mais on se mit d'accord pour nous les montrer l'un l'autre. Un seul petit problème : qui ferait le premier pas ?

La curiosité de Pierre-Michel dépassait la nôtre car bien vite il se porta volontaire pour le geste interdit. Sous nos regards à la fois curieux et vaguement inquiets, il s'empressa de déboutonner un peu son short de gros bleu et exhiba le sujet de maints chuchotements du soir entre Rosanna et moi.

Je me souviens encore de mon étonnement à le voir si petit, somme toute l'air minable entre deux boutons de braguette maintenus écartés entre le pouce et l'index. Nous l'examinâmes sans sourciller dans un petit silence incrédule, pour ma part, plein de mystères non résolus malgré tout. Comme quoi « ça » pouvait être dangereux ? Je n'en revenais pas. En tout état de cause, la drôle de petite chose effilée réintégra sa place et notre cousin nous rappela que c'était notre tour.

Bien sûr, sauf que nous n'étions plus d'accord, notre curiosité désormais satisfaite, ou plutôt déçue en ce qui me concernait. Je ne saurais dire à quoi je m'attendais n'ayant pas de référence en la matière mais, j'avais du mal à justifier toutes les mises en gardes des différentes femmes de la famille face au ridicule petit saucisson d'un garçonnet de dix ans.

Pierrot nous suppliait et nous menaçait à la fois. Il ne trouvait aucun argument solide et ne savait comment nous forcer à tenir notre promesse. Il nous traita de tous les noms inventés pour les mauvais joueurs pour s'entendre seulement répondre : « Qu'est-ce que tu attends pour aller porter plainte contre nous à ton père ? ».

À la fin, sentant le côté injuste de la situation et voulant aussi ménager l'avenir car on ne nous laisserait aller nulle part seules toutes les deux, je lui dis que notre refus n'était qu'une plaisanterie et qu'il allait voir aussi nos petites affaires. Je remontai ma jupe de cotonnade et écartai les cuisses de part et d'autre. Je glissai ensuite un doigt sous la jambière élastiquée de ma culotte de toile blanche et rabattis celle-ci vers le centre. Une demie chouchoune toute chauve lui fit la grimace. « OK, maintenant tu l'as vue, nous sommes quittes », lui dis-je d'un ton qui voulait marquer la fin de l'intermède.

Il fit mine de ne pas comprendre : « Cousine, est-ce que tu sais ce que font les parents la nuit ? » Devant mon ignorance, il décida de m'instruire et me tomba dessus avant que je me relève. Je partis à la renverse et, couché sur moi, il se mit à gigoter avec frénésie.

Je devinai tout de suite qu'il s'agissait des gestes indécents de ces danseurs du carnaval lorsqu'ils relevaient leurs chemises ou bien se nouaient les mains derrière la tête, moment que choisissait toujours ma tante pour m'ordonner de détourner les regards. Surtout, défense de répéter : « *Grenn zaboka sèvi zòrye, anba latya, aswè a m p ap dòmi, yas !* »

C'était donc pour ça ! J'avoue avoir lancé plus d'un coup d'œil sournois aux reins en folie des joyeux gaillards mais je savais aussi qu'une enfant « bien élevée » ne devait pas accepter ce que faisait Pierrot. Je n'étais d'ailleurs autorisée qu'à fredonner : « *M tonbe nan kann! M tonbe nan kann!* » au passage des Tirailleurs, la bande à pied dont l'oncle Raoul était membre du comité, ou à taper des mains en cadence quand défilait La Jeunesse en Fleurs.

Sauf que, allongée toute habillée sur le sol tapissé de feuilles mortes, dans la senteur mixte d'un jardin vivrier, il m'était tout à fait impossible de croire en l'imminence du danger que semblait continuellement percevoir tante Irma à l'approche de chaque homme de notre entourage : « *Gason se sèpan, move sèpan* ». Ce à quoi mon oncle répondait bien des fois en chantant, un rien moqueur : « *Manman, o manman, men koulèv la pè vale m. Manman, o manman, men koulèv la pè manje m.* »

Je serais peut-être encore là-bas, attendant la suite, si Rosanna toujours prudente n'avait donné le signal du départ.

NOUVEAU DÉPART

*À Louise Dulude*

L'ÉCOSSE, SE DIT-ELLE, après des jours de réflexions débridées, cloîtrée dans une salle de bain. Parfait pour une petite escapade à deux, avec escale à Venise à l'aller. Pour le retour, on verra. Aucune raison de se presser ni même de revenir à la maison.

L'Écosse, plaide-t-elle avec conviction. Elle le persuade qu'il est enfin temps pour ce voyage promis mais toujours reporté pour des raisons farfelues depuis leur mariage, il y a vingt ans. Ils visiteraient d'anciens châteaux et loueraient une romantique demeure à l'écart d'un village, avec jardin, cave et grenier pour un long et prometteur séjour.

L'Écosse où elle le laisse enfermé dans la cave trop humide, vaincu sans recours par un thé aux barbituriques qu'elle lui vanta comme « exotique ». Elle pria les propriétaires de ne pas le déranger, prétendant revenir dans une semaine.

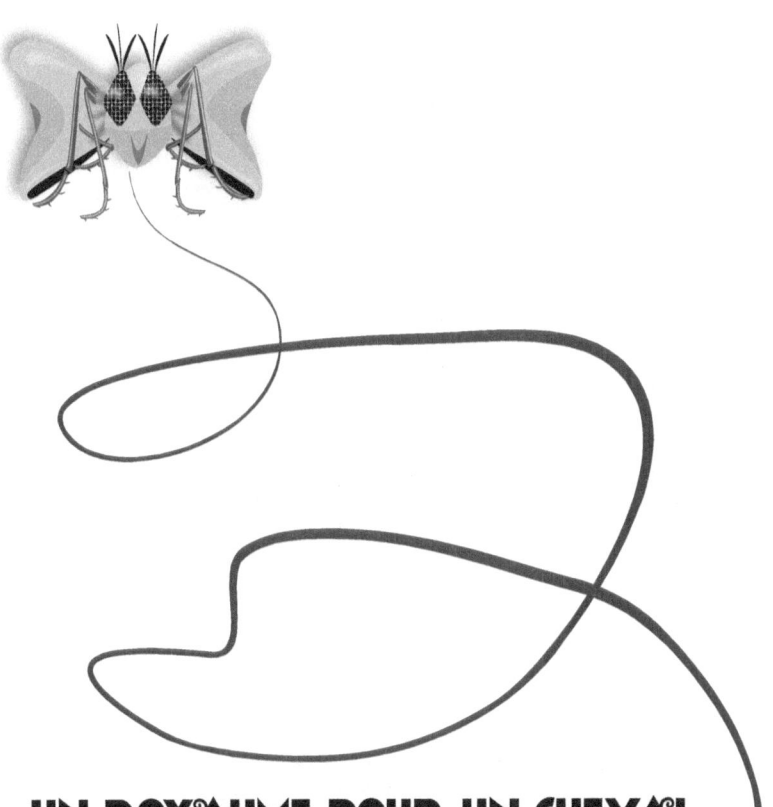

# UN ROYAUME POUR UN CHEVAL

Je suis née hier midi, en plein brouhaha de jour de marché : bruit de voix criant diverses marchandises, acheteurs négociant tout à la baisse, soleil impitoyable. J'ai grandi très vite au creux hospitalier d'une haute tour de fatras, dans une demi-coquille d'œuf où gisait encore un reste de jaune délicieusement visqueux. J'ai bougé les pattes et mes ailes de fine mouche pour m'aventurer un peu plus loin. *Bzz*, j'atterris sur une pelure de banane noire et toute fripée, fleurant bon le pourrissement avancé, juste à côté d'un reste de poulet mou à souhait, truffé d'asticots grouillant de plaisir. Ô grand Tsé Tsé, que la vie est belle !

J'ai passé l'après-midi à me régaler de toutes ces merveilles et de bien d'autres, comme cette fraîche crotte de chien dont l'enivrante odeur me saoula un bon moment. Pourquoi les jeter? Vous devriez avoir honte d'un tel gaspillage! Alors que le soleil plongeait pour sa trempette quotidienne, *bzz bzz bzz*, je filai vers le port. Ah, ces divines tripes de poisson. Quel fumet, quel régal! Je pris ensuite le temps, zigzaguant de carapaces en conques, de tout savourer à loisir avant de bientôt tomber raide morte, au grand bonheur des funèbres fourmis.

Oui, les bonnes choses ne durent pas, tout comme nos vies d'insectes. Je m'en irai à regret, n'ayant pas eu le privilège de participer au festin suprême cher à celles de ma lignée : la dégustation d'un cadavre de cheval aux entrailles enrobées de verte puanteur et aux naseaux pleins de morve. De préférence l'un de ces chevaux qu'on achève bien. Oh, je donnerais volontiers la plus grande, la plus odorante décharge de détritus pour un tel *delicatessen*!

Mais le grand Tsé Tsé en a décidé autrement. J'espère, au moins, avoir l'insigne honneur de renaître mouche à vers.

# RÊVE DE PÈRE

L E PLUS LOINTAIN SOUVENIR gardé en rapport avec lui est la scène où, fillette encore, je me trouve sur la banquette arrière de sa voiture, en route pour une visite médicale. Juste avant de démarrer, Papy se retourne vers moi et caresse ma joue d'un doigt : « Trop de poudre sur ton visage, Fifie ». J'avais trois ans et peu de temps après, ma mère le quitta et s'en retourna vivre dans le Sud, emmenant ses deux filles avec elle.

Dix ans s'écoulèrent avant que j'aie eu la chance de le revoir. Et pendant tout ce temps, une seule lettre reçue de lui, juste après le cyclone Cléo qui détruisit la plus grande partie de la maison de

Charpentier où s'écoulèrent mes jeunes années. Par contre, je lui écrivais chaque fois que l'occasion se présentait, en général lorsque ma mère montait à Port-au-Prince. Deux de ces missives furent d'ailleurs retrouvées dans son armoire bien longtemps après sa mort, rédigées avec application à l'encre rouge, sur du papier petit quadrillé. Elles me valurent les affectueuses moqueries d'une sœur ainée pour avoir raconté à notre père que «j'ai été première en octobre, première en novembre, première en décembre».

Ce n'était un secret pour personne à la maison que j'adorais mon papa. Le plus beau des compliments consistait à me dire à quel point je ressemblais à ce bel officier dont je ne me lassais pas d'admirer la photo. Ma mère en était profondément jalouse, selon ma grand-tante, mais je n'y croyais guère. En effet, elle me promit à plusieurs reprises tout au long de mon enfance, de m'emmener le rejoindre si je sortais lauréate des examens officiels du certificat d'études primaires.

L'école Saint-Michel devint donc la chose la plus importante de ma jeune existence. Aussi, je terminai seconde pour la ville à cause de ma faiblesse en calcul et arithmétique mais lauréate

pour mon établissement. Ceci n'empêcha nullement la sœur directrice de noter dans mon dernier
carnet à la rubrique observations : « Lauréate de la
section féminine aux examens du CEP ». Malgré
la joie des unes et la fierté des autres, j'étais plutôt
anxieuse car ce n'était pas du tout une fin en soi
pour moi, être la première. C'était seulement le
prix à payer pour m'en aller vivre pour toujours,
sous le même toit que le bel homme qui était
mon père, mon héros, ma passion.

Le jour si espéré de la récompense arriva
enfin, peu de temps après avoir débarqué à la
capitale. Lorsque mon père vint me chercher,
j'étais déjà prête depuis longtemps. Je restai
debout pendant l'interminable échange de sa-
lutations d'usage. Finalement, ce fut mon tour
d'embrasser ma mère puis on monta en voiture,
moi à l'avant avec Papy, ma sœur à l'arrière.
Toute à mon bonheur de prendre le chemin du
paradis, je ne remarquai même pas qu'aucune
mallette ne m'accompagnait. Je sentais la ville
elle-même me tendre les bras et je m'y voyais
déjà commencer ma vraie vie.

Parvenue à destination, je rencontrai pour la
première fois un jeune frère et une autre petite

sœur dont je connaissais déjà les noms et que j'avais appris à aimer de loin. Je fus quand même étonnée de les trouver là, persuadée que mon père vivait seul dans l'attente de mon retour. On s'installa au salon et la conversation porta sur notre vie en province, les parents qu'il avait connus et ma réussite au certificat dont il se montra aussi très fier.

Un peu plus tard il nous offrit, je ne sais trop pourquoi, de la bière portant un nom que je ne savais pas encore prononcer. Après un regard échangé avec ma cadette immédiate (comment refuser?), on accepta la boisson pour «grandes personnes». Quelque temps après, je le vis regarder sa montre et il annonça qu'il fallait se préparer à repartir. Pour ramener ma sœur, ai-je pensé. Mais brusquement inquiète, j'interrogeai : «Repartir?» «Oui, Fifie, je vais vous déposer mais avant de retourner aux Cayes, vous viendrez pour une autre visite». Une autre visite? Chez mon père? Je baissai la tête et entrepris de compter les grandes roses rouges du complet que j'étrennais pour la circonstance. Comment puis-je être en visite chez mon père? Je compris soudain pourquoi ma mère ne m'avait préparé aucune valise : je n'allais qu'en visite ! Il nous demanda de finir nos verres. Je levai le mien avec le fol espoir que la bière assez amère se changerait en poison rapide. Un goût d'urine glacée m'emplit la bouche et mon cœur se souleva. Je me forçai à avaler à travers mille nœuds de cordes de pite pour que ma prière s'exauce.

Sur le chemin du retour, je participai très peu à la conversation. Je descendis de voiture la première et entrai tout de suite, bousculant les persiennes. Ma mère attendait debout. Je ne l'embrassai pas mais la regardai droit dans les yeux, sans un mot. Elle recula d'un pas, porta une main à la poitrine et me dit d'un ton apparemment désolé : « Ce n'est pas ma faute si ton père ne t'a pas gardée chez lui. » Sans répondre, je m'allongeai toute habillée sur un lit. J'étais au-delà des larmes. Quelque chose faisait terriblement mal mais je ne savais où. Je cessai de parler de mon père et de lui écrire. La communication avec ma mère se fit désormais par défaut. Je pris en grippe les tissus à fleurs et détestai la bière autant que Port-au-Prince depuis lors.

Mon enfance s'acheva ce jour-là. La colère et le ressentiment m'habitèrent pendant quarante ans, le temps mis à réaliser que j'avais sans doute interprété les choses comme il m'avait plu. Mais les dégâts, eux, furent bien réels.

# PREMIERS ÉMOIS

Ce fut tout de suite après mes treize ans à l'occasion desquels tante Polonne m'avait offert un roman. De passage aux Cayes, elle l'avait choisi à la librairie du Sacré-Cœur. À son insu, elle avait sans doute établi un rapport entre le lieu d'achat et le titre *Moi qui ne suis qu'amour*. Elle décida en tout cas que c'était un ouvrage inoffensif.

Je reçus le cadeau avec grand plaisir car cet été-là, je lisais deux romans par jour dans le genre Delly, Magali et autres Max du Veuzit. Je m'empressai de me réfugier dans ma salle de lecture préférée, les spacieuses latrines de bois situées au fond de la cour de notre maison de Camp-Perrin, près d'un petit sentier peu fréquenté, bordé d'hibiscus et de touffes de vétiver.

Je pressentis dès les premières pages que Dominique Rollin ne serait pas une auteure recommandée par ma mère. Je dévorais les lignes dans la plus grande appréhension avec l'espoir de terminer avant que le livre soit mis à l'index par qui de droit. En même temps, je ne pouvais m'empêcher de revenir sans cesse sur les passages érotiques qui me nouaient la gorge d'une émotion reconnue mais pour laquelle je n'avais pas encore de nom.

Habituée à mes longues séances aux dits-lieux d'aisance, ma maman ne se méfia pas tout de suite. À mi-chemin du livre, elle me le demanda, par principe, pour y jeter le coup d'œil de la mère-qui-se-soucie-de-son-rôle-de-mère. La pauvre, je me souviens encore de son malaise croissant et de l'air horrifié qu'elle eut de celle qui au fond du miroir se découvre des oreilles d'âne !

Elle fila illico le montrer à ma tante qui habitait tout près. Celle-ci, toute gênée, se répandit en excuses. Ma mère revint, encore préoccupée, s'enquérir du nombre de pages que j'avais déjà parcourues afin d'évaluer les dégâts sur mon innocence. Je m'attendais à la question et répondit d'un ton léger que je venais tout juste de commencer. Rassurée, elle m'enjoignit de ne plus continuer car ce n'était pas pour les enfants. D'ailleurs, tante Popo avait promis de m'en acheter un autre et regrettait sa méprise.

J'acquiesçai et devint doublement obsédée, tant par l'autre moitié de l'ouvrage que par le plaisir que j'anticipais aisément et dont je me trouvais frustrée. Le cache-cache devint de mise car il me fallait déjouer sa vigilance pour terminer ma lecture. Cela me prit un temps fou car je devais guetter ses courtes sorties, « l'ennemie » étant plutôt casanière, puis surveiller son retour à tout instant probable, lisant debout près d'une fenêtre, afin d'avoir le temps de tout ranger et surtout de me donner un air de « petite fille modèle ».

Un deuxième écueil me guettait : la reliure peu solide laissait se décoller les pages au fur et à mesure que j'avançais. Je prévoyais le jour fatal où elle me soupçonnerait de le parcourir en cachette et poserait l'inévitable question qui préluderait à une raclée d'importance. Mais rien ne pouvait plus m'arrêter désormais. Je me complaisais dans les nouvelles et si agréables sensations qui m'envahissaient à la description de certaines scènes rendues de façon suggestive et vivante. Savoir que j'approchais des dernières pages et que rien n'était acquis ne faisait qu'exacerber mes jeunes sens et accélérer l'émergence de la femme que j'étais vouée à devenir, n'en déplaise à Tatie et à Manmie.

Un après-midi, ce qui devait arriver, arriva : relisant une nième fois l'ouvrage, il m'échappa des mains et s'éparpilla tout autour. Le cœur battant le calypso, je le recomposai prestement et le remis à sa place. Deux jours après, ma mère m'appela d'un ton qui laissait présager tous les châtiments coloniaux. À tout hasard, j'expliquai que venant prendre le volumineux Larousse posé à côté, j'avais fait tomber l'ouvrage par mégarde. Miracle! Elle me crut et n'insista pas. Malgré tout, le livre disparut de la circulation à mon grand dépit.

Heureuse de m'en tirer à si bon compte, je me consolai en ajoutant mentalement ce nouveau titre à la liste des romans interdits que j'achèterais quand je serai grande, à la suite de *L'Amant de Lady Chatterley*, de *Ambre* et des *Liaisons dangereuses*.

# MARCHE NUPTIALE

*À Yanick Thermidor*

ÔT CE MATIN, un cortège de lits révoltés descend vers le Champ-de-Mars, oreillers en bataille et draps raides de colère.

Pancartes et banderoles en tête, les lits grincent et crissent de toute la véhémence de leurs sommiers solidaires contre les années d'humiliation infligées par des hommes de la ville.

Mal accordés à leurs femmes ou trop pressés, ces messieurs exécutent l'acte sexuel pareils à des comédiens débitant un monologue incompris.

Un couvre-lit, tout chiffonné de honte, s'indigne : « C'est le pire déshonneur pour un lit conjugal de n'avoir connu toute sa vie que l'orgasme du mari ! »

Soudain, une sirène retentit.

Je sursaute. En écartant les draps, je heurte la radio de chevet. J'arrête la sonnerie du réveil qui frôle la crise de nerfs, puis je quitte mon lit à regret.

La tête lourde, les pantoufles de travers, je titube vers la salle de bain, accompagnée des dernières notes de la *Marche Nuptiale* de Mendelssohn.

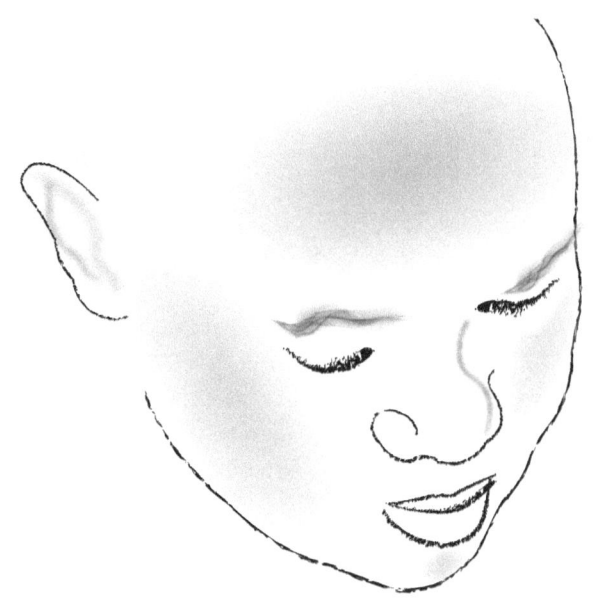

À UNE FEMME INCONNUE

TOI, MA SOEUR
Blessée en moi comme
Je suis diminuée en toi par

Nos lèvres verrouillées
Nos visages giflés
Nos têtes courbées
Nos mains sous scellés
Nos pas mesurés
Nos corps violés

Nos grossesses obligées
Notre sexualité ligotée

Nos émotions blâmées
Nos tabous acceptés
Nos compromis concoctés
Nos amours souillées

                    Nos pensées réprimées
                Nos expressions censurées
                        Nos élans brisés
                Nos initiatives découragées
                        Nos choix prohibés
                    Nos rêves abandonnés

Nos rôles imposés
Nos différences nivelées
Nos traditions tendancieuses cultivées
Notre caution de nos images déformées
Nos fausses croyances hébergées
Notre oppression par des idéologies biaisées

                    Notre expérience niée
                Nos succès mal assumés
                Nos couleuvres avalées
                Nos colères refoulées
                Notre honte ravalée
                Nos peurs incontrôlées

Nos droits piétinés
Notre dignité rabaissée
Notre propre nom éliminé
Nos « oui » par crainte d'être rejetées
Nos révoltes condamnées
Notre suicide par silence gardé

Nos divorces d'avec nous-mêmes perpétrés
Notre vécu méprisé
Notre spiritualité banalisée
Notre mémoire effacée
Notre liberté marchandée
Nos vies stérilisées

PARCE QUE femme aussi
Comme moi, ta sœur inconnue
Toi et moi, sœurs pour la vie

# UN HOMME, UNE VILLE

*À Caroline Barber*

P AR INTERMITTENCE, des échos de la capitale mexi-
caine où elle avait atterri la veille. Allongée
dans le clair-obscur de sa chambre d'hôtel aux
sobres rideaux, Sandra pensait à sa mère, des larmes
à l'orée de ses paupières closes.

Elle revoyait Irénise, comme tous l'appelaient,
geignante et ployée sous les morsures du nerf
de bœuf trop souvent manié par son beau-père,
le sieur Mackenson. Une soudaine migraine lui
ceintura violemment le crâne. À petits gestes
saccadés, elle se massa les tempes en murmurant :
« Ils paieront tous, oui tous ». Elle songea aux

comprimés prescrits mais y renonça aussitôt avec un grand rire bref.

Elle se leva, respira profondément et sortit sur le balcon du respectable Palacio Azteca. Le district fédéral revenait à la vie. Les portes de la bijouterie Hermanos León s'ouvrirent tout de suite après celles de la Librería Gandhi. Elle s'étonna une fois de plus de voir les gens laver eux-mêmes les trottoirs, avisant serpillières et seaux d'eau savonneuse que différents employés traînaient par à-coups, au gré de l'avancée de la toilette matinale. Souveraine, une riche odeur de *tacos* s'imposait aux passants déjà nombreux.

Deux hommes éclatèrent soudain d'un rire complice, quelques mètres en-dessous de son poste d'observation. Elle lutta fort contre une furieuse envie de leur pisser sur la tête, à travers les fentes du plancher de bois. Fébrile, elle retourna s'allonger, se cognant au passage aux blanches persiennes.

Elle resta prostrée jusqu'à la fin de l'après-midi. De toute façon, le rendez-vous n'était que pour 7 heures 30. Pas de curiosité à satisfaire. Elle avait déjà tout observé et repéré six mois auparavant. Son choix s'était arrêté sur un restaurant bon genre où l'on proposait une alcôve très intime pour dîner en amoureux. Cueva San Diego, un nom qui n'attirerait pas autrement l'attention.

De l'hôtel, elle pouvait s'y rendre à pied. Seule sortie prévue à son agenda, seule raison de son voyage. Il en a été de même lors de ses précédentes destinations, Madrid et Melbourne. Elle tenait pour celles-ci aussi à la lettre M.

Vers 5 heures, elle se fit couler un bain tiède, début du rituel. Elle y ajouta un peu d'huile essentielle de romarin et alluma les trois bougies amenées pour la circonstance. Elle brancha un lecteur portatif de CD et se joua *La jeune fille et la mort*, sa symphonie préférée. Elle se glissa dans l'eau avec une grande ferveur et appuya la tête contre une serviette repliée.

Yeux fermés, elle revécut sa relation virtuelle des derniers mois écoulés avec Máximo. Une vraie manne ces sites internet de rencontres! Il n'était pas beau, ce qui n'enlevait rien à son sens de l'humour, servi aussi par une assez belle plume dans la deuxième langue que le français représentait pour lui. Un plus car tant qu'à faire, autant joindre l'agréable à l'utile. Toutefois, elle n'aurait jamais cru qu'il irait jusqu'à s'attribuer des vers d'autres poètes, comme dans ses soi-disant quatrains inédits!

Comme si cela ne suffisait pas qu'il trompe sa femme, et la batte aussi sans doute, il la prenait elle, Sandra, pour une inculte! En vérité, tous les mêmes... Elle se laissa flotter un long moment avant de vaincre un début de torpeur. Plus de migraine mais un calme de félin. Elle se vit poursuivre ses préparatifs, un geste après l'autre, ne pensant à rien de précis.

Au moment de partir, elle jeta un châle sombre sur ses épaules car à México, les soirs de février ne pardonnent pas. Un regard circulaire lui montra son unique valise déjà prête pour le vol nocturne vers Mombassa et une chambre bien rangée. Souriante, elle franchit le seuil du Palacio Azteca, le sac à main serré contre la poitrine. Il abritait une fiole au liquide incolore et insipide.

FÊTE DES MÈRES ?

C'ÉTAIT UN DE CES APRÈS-MIDIS où, comme d'habitude, ma mère, ma sœur cadette et moi se tenaient sur le petit pont à l'entrée de notre maison de Charpentier qui, à l'époque, me semblait très loin des Cayes. Notre lodianseuse préférée en profitait pour raconter son dernier voyage à la capitale, mimant les uns et les autres au gré de sa fantaisie. Sinon, les blagues se faisaient au dépend du mari de la vendeuse de douces et tablettes, assise de l'autre côté de la grand-route.

Soudain, au milieu d'une phrase, les yeux tournés en direction de l'Îlet dont le pont se devinait au loin à notre gauche, elle s'arrêta, fixa le véhicule qui se pointait puis d'une voix anxieuse nous dit : « Rentrez, les enfants ». Bien sûr, on ne bougea pas, regardant plutôt dans la même direction qu'elle. Lentement s'avançait une Jeep verte et je ne comprenais pas pourquoi nous devrions interrompre le programme. Elle baissa la voix comme si elle craignait d'être entendue : « Rentrez tout de suite, je vous dis ! » On s'éloigna à regret et sans trop d'empressement. Au moment de gravir le perron, nous jetâmes un coup d'œil vers l'allée. La carriole s'était arrêtée en face d'elle et, assis à l'avant, un homme noir vêtu de sombre avec des lunettes noires lui parlait. Nous nous regardâmes en souriant, ma sœur et moi, convaincues qu'il s'agissait d'une de ces « conversations d'adultes » interdites à nos oreilles. Lorsqu'elle rentra quelques instants plus tard, face aux interrogations de nos yeux, elle dit seulement comme si ça expliquait tout : « C'était Casamajor, un tonton macoute ». Elle alla tout droit dans sa chambre pour un long conciliabule avec ma grand-tante. Je me demandai ce qu'était un tonton macoute et pourquoi il n'aimait pas les enfants, puis l'incident fut tout à fait oublié.

Quelque temps après, ma mère laissa la zone et alla s'établir à Camp-Perrin. J'étais enchantée car c'était mon coin préféré dans le Sud. Mais, devant continuer notre scolarité aux Cayes, il fallut nous mettre en pension chez les Oblates. C'était une transition vers la capitale où devait se poursuivre le secondaire, une fois le primaire terminé pour ma petite sœur. On était en fait à la veille des examens officiels. Je me plaisais assez à la pension mais il nous arrivait aussi d'aller passer la journée du dimanche chez l'une des nombreuses tantes car il y en avait par le sang, par alliance, par voisinage, par amitié et par l'âge. Je crus que c'était la raison de l'arrivée inopinée de tante Marthe, d'autant plus que Manmy était en ville. Elle voulait assister à la messe de la fête des mères à Saint-Michel, petite église de Charpentier jouxtant notre ancienne demeure et à laquelle elle s'était attachée. Sauf que Tantante pleurait. La directrice s'enferma un très long moment avec elle, puis s'en vint nous dire qu'elle nous donnait la permission d'aller visiter notre mère tombée malade. Certaines des autres pensionnaires s'étaient rapprochées et se murmuraient à l'oreille en nous regardant. D'autres se signaient de temps en temps. Je demandai alors à ma tante si Manmy était morte. Elle fit signe que non, recommença à pleurer et nous emmena.

Arrivées à destination, ma maman n'y était pas. Tatie s'enferma dans la chambre avec nous et nous expliqua en sanglotant qu'il y avait un grave problème. Notre mère venait d'être arrêtée à sa sortie de l'église et nul ne savait pour quelle raison. Cependant, des démarches étaient en cours et elle serait sans doute avec nous ce soir. Tout en continuant à sangloter, elle nous recommanda de ne pas pleurer et d'aller rejoindre les autres enfants du voisinage. Faute de savoir ce qu'impliquait la situation, ma sœur et moi passâmes le reste de la journée à jouer aux osselets sur la galerie, comme si de rien n'était. Mais un va-et-vient inhabituel de gens prenait place et tout le monde se montrait trop gentil avec nous.

Juste après la tombée du jour, un véhicule s'arrêta devant la maison. Des femmes se mirent à crier et je sortis sur la véranda, certaine que Manmy était de retour. La porte à l'arrière du chauffeur était ouverte et deux hommes l'aidaient à en sortir puis la soutinrent chacun d'un bras pour l'aider à marcher. Elle avançait lentement et à grand-peine, nu-pieds, les cheveux défaits, la rigide ceinture de sa robe blanche à grandes fleurs jaunes pendant de côté. D'une toute petite voix, elle disait aux gens : « Merci les amis, mais ne pleurez pas, grâce à Dieu je suis en vie ». On alla l'embrasser, ma sœur et moi, puis tous entrèrent dans la chambre de tante Marthe. Une bassine d'eau chaude dans laquelle macéraient des feuilles d'orange sure et de papaye l'y attendait. Elle fut allongée avec beaucoup de précaution sur le lit et les femmes commencèrent à la déshabiller de suite pour le bain médicinal. Elle étrennait ce jour-là une gaine très ajustée. Son corps enflé d'avoir été battu à coups de crosses de fusil ne laissait plus repasser le sous-vêtement. Elle hurlait de douleur, les autres femmes pleuraient ainsi que ma tante et ma sœur. Tout le monde, sauf moi. Debout au pied du lit, à côté de la grande armoire d'acajou, j'étais un corps sans vie, ne pouvant rien ressentir ni comprendre. Juste deux yeux trop grand ouverts. Finalement, quelqu'un ramena une paire de ciseaux.

Des années après, en collant des bribes de phrases, j'ai réalisé que le tonton macoute aux lunettes noires aperçu un après-midi était derrière tout ceci parce que ma maman n'avait pas voulu devenir sa maîtresse. Il l'accusa d'avoir un préjugé de couleur et la fit tabasser avant d'essayer de la violer. La gaine l'en empêcha et elle fut frappée à coups de crosses de fusil à plusieurs reprises, ce dimanche de fête des mères. Elle ne s'en remit pas complètement car elle souffrit plus tard de maux de dos non éprouvés auparavant. Par contre, la lodianseuse qu'elle était dans l'âme refit surface. Manmy nous a souvent fait rire de bon cœur, par la suite, en mimant l'interrogatoire déroulé dans un français approximatif. Ce, dans ses bons jours.

Dans ses mauvais jours, elle me reprochait d'être une sans-cœur et de la haïr, la rendant responsable de ce que mon père m'avait rejetée. J'étais la seule à n'avoir pas versé de larmes ce fatal dimanche, nous rappelait-elle. Pas étonnant que j'aie gardé des sentiments ambivalents car jusqu'aujourd'hui, je ne sais jamais si je dois fêter ou non le jour des mères, bien que devenue moi-même maman.

Je croyais avoir pris une bonne dose de distance avec ce tragique incident de mon adolescence – on en riait même des fois, n'est-ce pas ? – jusqu'au jour où j'appris que la fille d'une famille amie avait épousé un fils du tonton macoute en question. Spontanément, je m'écriai : « Quoi ? l'enfant du bourreau de Manmy ? » Ma visite était déjà annoncée au couple mais je me sentis profondément troublée à l'idée de me retrouver en face du rejeton de l'ancien commandant des vsn des Cayes. En fait, je n'étais pas du tout certaine de vouloir me mettre dans une telle situation, même s'il n'avait strictement rien à revoir avec l'affaire, même s'il n'était responsable de rien. Oui, mais pour combien de temps ? Sa femme était d'une famille devenue très proche, donc pas question d'ignorer son mari. En même temps, comment oublier de qui il était le fils ?

Et en plein dans ce désarroi, je revis son père. J'allais sur mes vingt ans lorsqu'un jour, de sortie avec une parente, elle me toucha le bras et dit : « Regarde bien l'homme qui s'amène avec une bible en main. C'est Casamajor. » Je le vis et le regardai au moment où l'on se croisait. Ma surprise fut énorme : ce grand-père, le tonton macoute dont j'avais si souvent entendu raconter les crimes ? Comme quoi, un tortionnaire pouvait ressembler à une personne normale ? J'avoue n'avoir jamais vraiment pu l'imaginer dans ce rôle, malgré mes efforts. Et c'est peut-être aussi pourquoi je n'ai pas non plus ressenti de haine à son endroit ce jour-là, ni après.

La situation m'interpellait de plusieurs manières. Par rapport à ma formation juridique me rappelant qu'aucune plainte formelle ne fut jamais déposée par ma mère. Par rapport à mes valeurs humanistes qui m'ont souvent porté à éviter les amalgames genre *Tel père, tel fils*. Par rapport à mon option pour la résolution positive des conflits priorisant le dialogue. Par rapport à cette famille devenue un peu la nôtre, vu les liens d'amitié de longue date. Et par rapport au simple fait d'avoir moi aussi des parents donc risquant un jour de me faire indexer comme «fille de», héritière involontaire de la faute d'autrui! La date de la visite se rapprochait et je ne voyais quoi faire qui soit juste pour tout le monde. J'étouffais.

En fin de compte, deux considérations m'aidèrent: ma mère ne fut ni violée ni tuée par son papa et ma sœur (elle obtint son certificat d'études, en dépit de tout), désormais l'amie du couple, avait appris à l'apprécier. Nous échangeâmes beaucoup, elle et moi, sur la situation, ce qui me permit de ventiler mes émotions et de me remettre du choc de la « mauvaise » nouvelle. J'en vins même à me demander s'il n'était pas plus dérangé que moi par le souvenir du méfait? Si je le rencontre, ne va-t-il pas ressentir de la honte, croyant deviner du mépris envers lui dans mon regard, ou pis encore, une accusation? J'ai trouvé toute l'affaire profondément injuste pour nous deux. Je ne voulais pas devenir une sorte de muet reproche pour lui. Je ne voulais pas non plus qu'il devienne un permanent rappel du passé pour moi. Au fond, nous étions lui et moi logés à la même enseigne : deux victimes collatérales.

Il m'a quand même fallu plus d'une semaine pour que mes émotions s'ajustent à ma raison. Finalement, je me sentis prête à le rencontrer. Je voulais surtout qu'il sache que je n'allais pas jouer à l'avocate de l'accusation, ni au ministère public, encore moins au juge. Alors je lui envoyai un de mes livres, *L'arbre qui rêvait d'amour*, avec une dédicace disant, en substance, que les enfants n'ont pas à payer pour les fautes de leurs parents et qu'il dépendait de lui comme de moi que les choses se passent autrement qu'entre eux.

Persuadée que le plus dur m'attendait, je me rendis chez lui comme si j'étais, moi, coupable de quelque chose. Aussi quel soulagement lorsque j'appris qu'il n'y était pas! Je me détendis et bientôt j'oubliai chez qui je me trouvais. Toute à la musique que j'écoutais, je n'entendis même pas la porte s'ouvrir. Je sentis quelqu'un bouger derrière moi et avant que j'aie pu complètement faire volte-face, il m'embrassait sur le front. Mon cœur rata un battement et je levai les yeux. Nos regards se croisèrent. Je ne vis pas le fils d'un tonton macoute parce que ça n'existe pas. J'avais devant moi un jeune homme qui m'a semblé aussi embarrassé que je l'étais moi-même. J'ai tout de suite ressenti une grande compassion : « Il n'a rien fait pour mériter tout ça », ai-je pensé. Je reste convaincue qu'il s'est dit quelque chose de semblable à mon sujet. On échangea peu cette fois-là mais ce n'était qu'un début. Déjà, je ne pense plus à lui comme au « fils de » mais comme au « mari de ». En attendant qu'il existe tout à fait par lui-même...

Qui sait, peut-être qu'un jour ma mère verra aussi ma réaction d'autrefois d'un autre œil?

JOUR DE CHANCE

ILLES SE DIRIGE comme d'habitude vers le casino. Il ne sait plus où il en est depuis que Carla s'est trouvée un autre amoureux. Le jeu l'a remplacée dans sa vie, sauf qu'il ne vit plus. Ballotté entre révolte et stupeur, il erre dans les hostiles nuits d'un glauque hiver.

Un soir où il s'est encore vidé les poches au poker, l'idée lui vient d'en finir. Mais comment? Toutes considérations faites, il décide d'aller à la rencontre de la camargue jamais bien loin le samedi, lorsqu'avec plusieurs verres de trop, certains s'en retournent chez eux.

Une année après, guéri de tous ses maux, il épousa l'infirmière pleine d'humour ayant refait ses pansements à l'hôpital, sans douleur pour lui. C'est bien connu au Québec, lorsqu'on la cherche, « la mort ne tue personne » !

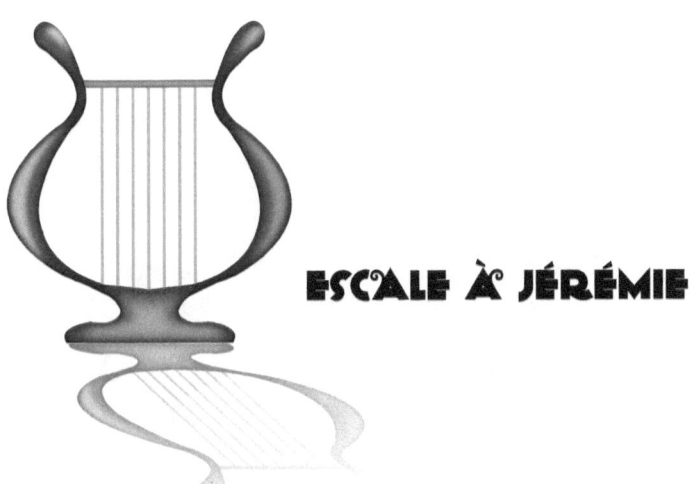

ESCALE À JÉRÉMIE

*À Astrel Suréna Jr*

L'AVION PREND LA DIRECTION du grand large et je m'assoupis. À deux ou trois reprises, je refais surface à cause de turbulences ou d'éclats intermittents d'une voix d'homme. Sa docte analyse conjoncturelle du pays notre ne trouve aucun écho. Manque de pouvoir de persuasion ou nième discours du genre ?

Quelqu'un éternue et j'ouvre les yeux pour de bon cette fois. En bas, des vaguelettes jouent à cours-après-moi-que-je-t'attrappe. Jérémie se devine déjà. L'avion longe le littoral d'où partent deux grandes fissures rocailleuses zigzaguant vers l'intérieur des terres, flanquée chacune d'un chemin qui serpente autour de crêtes montagneuses. La ville se précise. C'est une coquette qui fait son intéressante toute habillée de vieux rose. S'étirent quatre longs rubans invitant à la parcourir. J'aimerais y revenir un jour mais pas ainsi pour une escale imprévue. En effet, ce n'est qu'à la porte d'embarquement que la compagnie aérienne daigna mentionner le détour aux passagers en route pour Les Cayes. Toujours ce mépris comme toile de fond de nos rapports sociaux.

Très grande dame, la cité se laisse jauger, habituée à ce genre d'attention, je présume. J'essaie de percer ses petits secrets et de deviner qui ces jours-ci réussit encore des konparèt comme autrefois la réputée Rosemèla? Y a-t-il encore des plateaux de pisquettes palmistes au marché Bò Plas? Et des djakas aussi, somnolentes de leur propre succulence? Du haut de ses tours, la cathédrale voit-elle déjà venir la Saint-Louis? Entend-on toujours des sérénades à Bordes, de l'autre côté du Morne Jubilée ou au-delà de Nan Coton? Comme cette fois où sous claire lune d'été, un groupe d'adolescents siffla en chœur: «J'écoute en soupirant la pluie qui ruisselle...», tandis qu'un amoureux déclamait ses sentiments à la belle du quartier.

Ah, cette première visite de la métropole de la Grand-Anse! Le séjour entier en longue chemise de nuit à danser chaque matin les boléros à la mode. Nous étions un petit groupe tous de moins de vingt ans et la benjamine se résigna au surnom de Ti Quinze. Tout paraissait beau, tout semblait possible. La prudence n'était pas notre premier souci et, encore un peu, nous aurions atterri à l'hôpital Saint-Antoine à cause d'un virage pris sur deux des roues de la jeep Willy's, en pleine pente du Morne Calvaire. À quoi d'autre s'attendre avec Trinita au volant?

L'ambiance fut très différente au cours de mon deuxième passage, beaucoup plus tard. J'y animais un séminaire pour des policiers. Mais tout se passa bien et... les pisquettes étaient au rendez-vous! Je revois encore ce grand bol de verre où elles s'offraient en courte sauce créole au piment chien pour tenir savoureuse compagnie aux tranches de véritable akase et aux morceaux d'ignames sel propre à la région. Ceci après matinale dégustation à la cuillère d'onctueuses caïmites violettes. Et comment oublier la konparèt, odorant bonbon à croûte vernissée, souvent fendillée, d'où émergent ça et là des petits bouts de noix de coco ? La konparèt ne se compare à rien, il faut tout simplement en faire l'expérience, bonbon légèrement rassis. Elle se suffit à elle seule mais s'accommode de lait de vache ou s'agrémente d'avocat. Je la trouve encore meilleure, couplée à un djanm café de Plymouth, de Duchity ou de Beaumont. Mes aïeux, que la vie a bon goût des fois ! À l'époque je logeais à Calasse et au-delà du port frémissait la mer, plus intensément bleue que j'en avais l'habitude. Je n'arrivais pas à en détacher les yeux et avais du mal à partir au boulot. J'en suis revenue à la fois convaincue que travailler tient du sacrilège et qu'un paradis a vraiment existé dans ces parages.

L'avion griffe la blanche piste et s'en va cahin caha traverser un petit pont, eh oui ! Mais il y a encore mieux en cette matinée de juillet : là sur la pelouse où traîne une pantoufle de caoutchouc, un homme porte un T-shirt nous souhaitant : « Joyeux Noël 2007 ». Sans commentaires. Je regarde plus loin, vers les locaux du fond. Cap Sud Bar # 2. Je relis pour en être sûre, Cap Sud ? J'ai la bizarre impression qu'on s'adresse à moi pour me rappeler mon projet avorté de me rendre au Cap aujourd'hui, ce que je n'ai pas encore digéré. Et ce

« numéro deux » aux échos de Vêpres, pourquoi en avoir gardé le nom ? Je veux bien qu'il y ait devoir de mémoire mais certains souvenirs sont si lourds à porter. À moins que le quotidien ne les banalise en les accolant à un bar.

Mon regard erre ailleurs : « Bienvenue à Jérémie ». Qu'y a-t-il en dessous ? La quoi des quoi ? J'ai beau cligner des yeux, impossible de déchiffrer. Je me garde bien de chercher mes lunettes. Cela soulage mieux de pester contre les gens qui écrivent en si petits caractères ! On s'ébranle. Encore un pont à traverser. Enfin je vois clair : « La Cité des poètes ». Forcément. Où avais-je la tête ? Mais, entre nous, c'est vrai ça, c'est prouvé ? Faut dire que depuis que je me veux poète aussi, je me surprends à noter ce genre de détails...

À peine remontée au ciel, je retrouve l'étalage d'indigo dans un aplat sans transition d'avec le turquoise bordant la côte. La Pointe se faufile entre deux rangées de barques vides et lasses. Me revient soudain la voix de ce Jérémien dont je m'étais amourachée, assez en tout cas pour m'avoir inspiré « Toi qui passais ». Car il n'a fait que passer sans me voir, les yeux fixés sur une autre. L'avion toise le port : Cap Sud. Où vont donc ces sinueux chemins de terre rouge, l'air si décidé à avancer malgré montagnes et falaises? On plonge et remonte presto. Je respire à fond et me dis n'avoir rien à craindre car mon agenda est surchargé : pas le temps de mourir. Avec en plus, cette affaire de « Cité des poètes » à vérifier. Tiens, trois lacs pareils à trois notes d'espoir entre les mornes dénudés. Leurs noms s'il-vous-plait?

Brusque changement de décor. Un ordre semble s'imposer à la géométrie variable des grands champs verdoyants ponctués d'îlots de manguiers. Aucun doute, c'est mon Sud comme je l'aime avec un zeste de joie de vivre chez les gens comme dans la nature. Hum, le monologue a repris, on dirait : « *Fò moun yo pran responsablite yo nan peyi sa a* ». À croire que lui est d'ailleurs. L'avion s'estime édifié et s'arrête pour se débarrasser du grand causeur. Je sais que je retournerai à Jérémie, cité de qui vous savez ou pas, car l'adage est formel : *Jamais deux sans trois*.

Une passagère se retourne vers une autre :

— *Men ayewopò Okay la. Ou wè diferans lan? Okap pa ka parèt la!*

Une enthousiaste employée de l'immigration renchérit :

— *A non, se sèl nou ki gen sa.*
— *Ki gen kisa?*, s'informe une voix.
— *Bèl ayewopò provens.*

J'ai à nouveau l'impression qu'on s'adresse à moi. Je souris à contrecœur, vexée qu'on dise cela du Cap. Je ne peux non plus nier le fait, mal placée d'ailleurs comme fille de la zone. Cap Sud. Pas évidente ici la fidélité à mes vingt ans de vie capoise. Devrais-je aussi guérir de cet amour-là ?

Troublée, je me rends compte que d'une certaine façon, je suis toujours restée une étrangère dans mes principaux lieux de vie, y compris Port-au-Prince où je suis née. Trop souvent des pans entiers de l'histoire commune m'ont échappé : je vivais ailleurs lors de tel cyclone, telle épidémie ou telle célébration collective. Rien ne remplace le non vécu. Improbable étrangère ou âme de nomade ? Pour l'heure, Dieu merci, j'ai un problème beaucoup plus simple à résoudre. Retrouver mes bagages non encore arrivés, m'apprend-on. « C'était un vol spécial. » Spécial ?

Pour sûr, pas autant que les fesses d'une rare impertinence de la femme qui me précède en direction de la sortie.

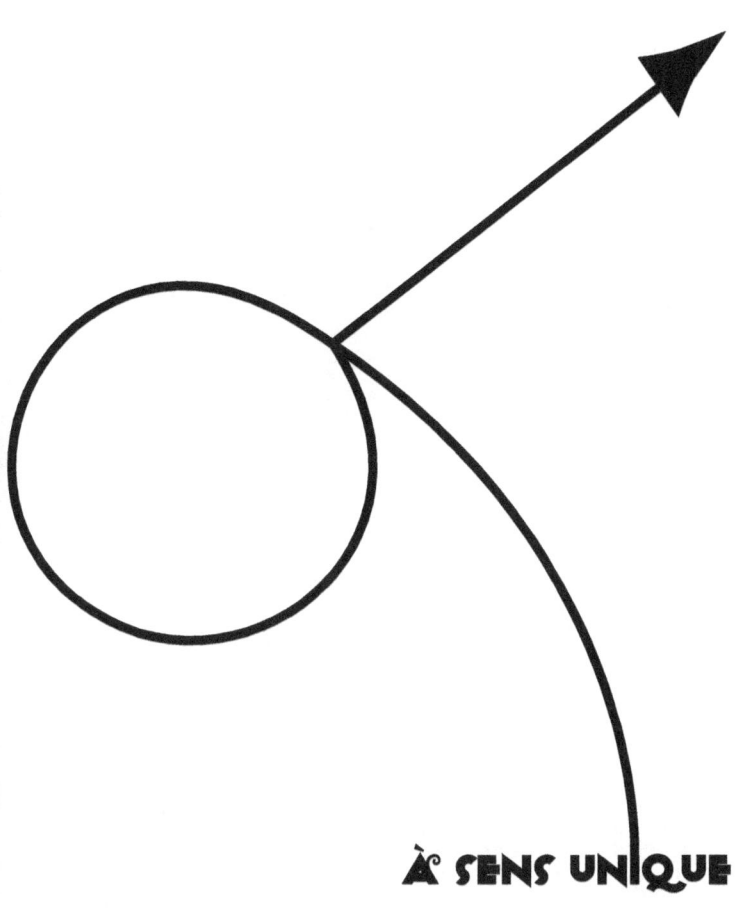

À SENS UNIQUE

CE JOUR-LÀ, TU M'INVITAS à me rendre avec toi chez l'un de tes amis d'enfance, de passage à la capitale. Je n'avais aucune raison particulière de refuser et on partit en tap-tap vers Delmas.

Je ne me rappelle pas exactement à quel niveau nous en descendîmes car il faisait nuit. Tu me pris par la main et on entra dans une petite maison vraiment très modeste, plutôt sombre, où nous accueillit une dame dans la soixantaine environ. Tu lui parla un peu à l'écart mais je n'y prêtai pas trop attention. Tu revins me dire, avec un petit sourire, que ton ami était sorti et qu'on allait l'attendre.

Celle que je croyais la mère ou la tante de ton copain nous précéda dans une pièce à peine meublée d'un lit et d'une petite table. Puis, sans un mot, elle ressortit et referma derrière elle. Malgré mon étonnement face à son manque de gentillesse, je ne fis aucun commentaire. Tu m'encourageas à m'asseoir sur le lit et tu t'installas tout contre moi. Tu me suggéras aussitôt de me déshabiller, juste pour être à mon aise et avoir moins chaud.

— Chez la mère de ton ami? Comment ça?

— Ne t'inquiète pas, elle ne viendra pas nous déranger.

— Mais il va bientôt arriver, lui?

— Pas de sitôt, sois tranquille.

— Je ne comprends pas...

— Vraiment pas?

Et avant que je ne réponde, tu commenças à m'embrasser, tout en déboutonnant ma blouse indienne.

Sur le chemin du retour, tu m'appris à mi-voix que je venais de faire connaissance avec une «maquerelle», comme s'il s'agissait d'un rite initiatique. J'avais, bien sûr, fini par me douter de quelque chose de ce genre. Par contre, j'étais moins certaine de la raison de cette mise en scène alors que toi et moi sortions déjà ensemble depuis trois mois. Pour prévenir un éventuel refus ou ajouter du piquant à la chose? Quoi qu'il en fut, je n'ai pas posé la question et trouvai plus simple de rompre la relation deux semaines plus tard.

Bien des années après, on se croisa de façon fortuite à l'étranger. Au cours de la conversation, tu m'avouas entre deux bières que cette soirée était restée gravée dans ta mémoire comme l'un de tes plus beaux rapports sexuels. J'ai mis un peu de temps à comprendre à quoi tu faisais allusion. J'en suis restée abasourdie, prise de vertige devant le gouffre séparant des souvenirs communs et pourtant si différents.

Si, ma complicité avait été recherchée, si mon imagination avait été amenée à anticiper notre soirée, si enfin mon plaisir à moi avait également été visé, nul doute alors que, comme toi, j'en aurais aussi marqué la date à l'encre indélébile. Car j'en aurais alors certainement gardé, comme toi, un tout autre souvenir que les irrépressibles déman-geaisons causés par les collants petits locataires ramenés dans ma toison pubienne ce soir-là.

# RETOUR À CAMP-PERRIN

*À Enedland*

JE N'EN N'AI PAS DORMI DE LA NUIT : je pars pour Camp-Perrin. Interminable coulée des heures au bureau ce vendredi, les yeux aimantés par l'horloge. Ouf! Quatre heures, je laisse Torbeck.

*Partout le bruit*

*Les mots orduriers du Carnaval*

*Trouver des boutures*

Première escale, Les Cayes. Quelques petits achats au cas où, surtout des bocaux de noix grillées de Saint-Jean et aussi deux barres de chocolat : *yes*, je suis en congé!

Tout là-haut, là-bas
Képi de nuage pour la montagne
Odeur de beignets

On repart. Petite vexation de la vie : celui qui me voiture ne m'à pas reconnue alors qu'il fréquentait notre maison quand j'avais dix-douze ans. Je lui mentionne les amis communs, surtout mon cousin Jab dont il fut le condisciple au Petit Séminaire de Mazenod où il doit me déposer. Enfin, une lueur différente dans ses yeux : « Ah oui, les deux sœurs ! » La conversation s'installe pour de bon.

Depuis l'enfance
Rêve de séjour à Mazenod
Braiments répétés

Il faut remettre une commission à Déxia. Je m'informe d'une amie habitant le coin. « Il n'y a personne à la maison », me répond son jeune frère. « Et toi, t'es pas une personne ? » Grand sourire aux petites dents pointues. D'où nous vient cette manie de répondre « personne » en pareille situation ?

Lago d'oiseaux
Rouge débauche de poinsettia
Se sentir bien

Nous croisons une bande carnavalesque à Laborde, drapeaux en tête et musiciens au milieu. Il faut ralentir et attendre que les fêtards se rangent d'un seul côté de la route. Chacun ses plaisirs, moi je vais à Mazenod !

*Lumière rasante*
*Un ouanga-nèguesse siphonne*
*Une fleur de liane*

Une fois de plus, je me trompe sur l'emplacement de l'étang Lachaux. C'est bien plus loin que Sovo, aux environs de Carrefour Lamartinière, une petite entrée sur la droite avec un bras de canal à traverser.

*Chassé d'une maison*
*Un chien noir se gratte le cou*
*Bambous de rara*

Au passage, j'ai une pensée reconnaissante pour mon hôtel préféré à Lévy. En effet, si j'avais pu réserver à l'Auberge de la distribution, je n'aurais peut-être jamais su qu'on hébergeait des visiteurs à Mazenod. Moralité : bénissons les contrariétés.

*Tresses cordonnettes*
*D'une jeune fille vue de dos*
*Deux cabris se suivent*

J'arrive au Bas-Camp sans tout à fait m'y retrouver; j'ai l'impression d'être en plein lit de la
Ravine du Sud. Par bonheur, ça change tout de
suite au Pied-Camp. Nous pénétrons en territoire
de fraîcheur grâce à la verdure et au plus que
centenaire Canal d'Avezac.

> Haies d'hibiscus rouges
> Sucrins, orangers et manguiers touffus
> Gratuité du luxe !

Nous atteignons Haut-Camp où plein de souvenirs m'accueillent. La bibliothèque des Sœurs
dont j'ai lu tant de romans sans jamais y mettre
les pieds, la pelouse de chez Manmite Alfred où
j'ai exercé mes premières touches de volley, le
grand manguier de chez M^me Gabriel. Surtout,
la galerie où les garçons secouaient à longueur
d'été la calebasse du bingo, le petit cimetière sans
morts de notre cour à l'entrée de Jonc-Champlois,
les sérénades parfois interrompues par nos parents et mes premières amours... J'avais treize
ans, lui dix-neuf.

> Une femme court
> En se soutenant les seins
> Peur qu'ils ne tombent ?

Du coup, je crois revoir mademoiselle Vanette au « balcon fleuri » comme diraient les Belges. Nous nous demandions toutes, à l'époque, où elle achetait son soutien-gorge, vu sa volumineuse poitrine. Paix à son âme !

Près du Calvaire, je repère la maison d'une vieille connaissance. « Il n'est pas chez lui à cette heure », m'apprend-t-on. Eh bien oui, on est en province : tous savent tout de tous.

Mains dans les poches
Un homme à lunettes se presse
Fraîche odeur de lotion

Bouette a bien changé aussi. Chez Anèze, c'était avant ou après cette zone ? Ah ! Ses tablettes la-colle ! De vrais péchés mignons au sirop. Je cédais souvent à la tentation, sans remords. Et recommençais de suite, en me léchant les doigts.

Ciel soudain gris
Abat-jour de toiles d'araignées
Au lampadaire

Enfin, je vois se profiler la verte barrière métallique si espérée. Je ne peux encore croire à la chance de séjourner dans ce qui me semblait le saint des saints réservé aux élus de l'autre sexe dont Jab et ses condisciples. Comme je les ai enviés!

Au niveau de la chapelle de pierres grises, nous tournons à droite. Elle me fait soudain penser à celle de Harvard qu'on dépasse vers Prentice Hall, je crois. Pourquoi? Mon subconscient fait encore des siennes...

Socle de galets
Pour statue en robe rouge et blanche
Eugène de Mazenod !

Toujours incrédule, je me tiens debout à côté de la jeep, attendant une invitation à entrer au centre d'accueil Siloé. Mes yeux font le tour et je me souviens...

Bougainvillier surprise
Sur ce terrain de foot de Mazenod
Un but me fut dédié...

Pas de doute, je peux rester. Une chambre m'attend, telle que je la souhaitais : au milieu de la végétation, dotée d'un bureau et d'une monacale tranquillité.

Visite de la chambre
Tiens, j'hérite d'une savonnette
Appeler ma mère

Au souper, je suis conquise dès la première cuillerée par le velouté du potage de malanga. Encore un peu, je redeviens catholique pratiquante! Une promenade sur la cour s'impose d'elle-même après le gratifiant repas.

Une rumeur se précise. Bien sûr, un groupe à pied reprenant à cœur joie un refrain grivois, comme d'habitude pendant les jours gras. Mes oreilles en récent mal de chasteté, jugent l'amusement. Païen. Influence du milieu...

Frangipanier
Aux longues branches toutes nues
Concert de criquets

Petite surprise, le nom se prononce « Mazno » par les prêtres oblats. N'empêche, je continuerai à dire « Maznòd » comme les gens des environs. Désolée, Saint Eugène, évangéliser les pauvres, ce n'est pas sans risques. Une victoire quand même pour le patron des lieux : je me vois très bien terminer mes jours ici : salut assuré, non? Je vieillis mal, il me semble.

Amas de feuilles sèches
Tôle patinée du noviciat
Alléluia en chœur

Au retour vers ma chambre, je croise deux résidents. Personne ne me pose de question. C'est officiel, je loge à Mazenod! Respirations profondes.

Sur ma porte à peine
Entrebâillée, un anolis vert
Première visite

Cinq jours, rien que pour écrire. Jeudi arrivera de toute façon trop tôt. En profiter au maximum. Place au carnaval des mots!

Zigzags de lucioles
Stylo et page blanche m'invitent
J'éteins mon portable

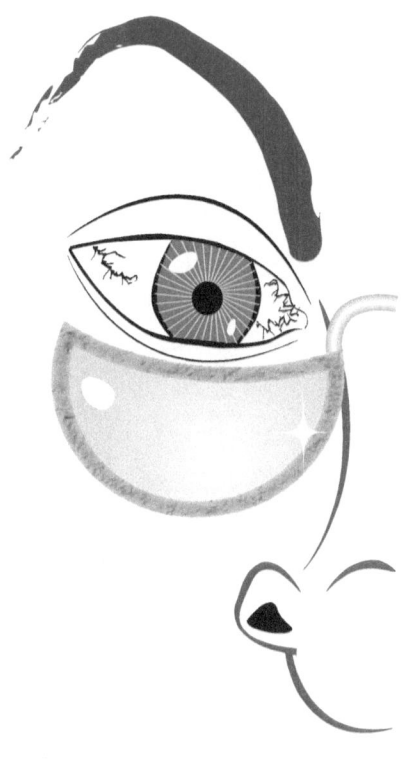

# MADEMOISELLE SOLANGE

ELLE HABITAIT à l'entrée de notre rue. Toujours installée sur sa véranda, rien ne lui échappait de la vie du quartier. Évidemment, elle s'arrogeait aussi le droit d'intervenir dès qu'elle estimait certaines limites franchies. C'est sûr, nous réfléchissions à deux fois avant de parler aux garçons, faits que la vieille fille aimait particulièrement rapporter à nos mères.

Sa maison dominait une petite butte, position parfaite pour un poste d'observation. Nous surveillions toutes sa silhouette penchée de côté sous l'effet des perpétuels « gaz » qui la tenaillaient car il fallait, en plus, la saluer au passage. Nous étions toujours à la recherche de stratagèmes pour éviter d'attirer son attention mais elle semblait deviner nos plans à tous les coups. C'était la terreur quand elle nous appelait par nos prénoms précédés de «manmzelle», en regardant par-dessus les lunettes à monture d'écaille qui lui glissaient sur le nez.

En visite au village bien des années après sa mort, je crus soudain sentir son regard peser sur moi et, sans réfléchir, je lâchai la main de mon chum.

MATRIMOINE

*À Gerty Suréna*

1 PARAPLUIE NOIR ET TROUÉ trouvé un soir dans le taxi
d'Apollon, le seul de la ville.

2 BRANCHES DE RAMEAUX DESSÉCHÉES, aplaties sous un
sachet de bigoudis tordus fleurant encore la
brillantine Perrier.

3 NAPPES BRODÉES au point de croix empilées sur
deux draps à jour échelle, achetées lors d'une
exposition d'ouvrages chez les Sœurs de Béraud,
cadeaux d'une nième réconciliation.

1 boîte carrée de biscuits soda Noël aux couleurs rouge et blanche écaillées, à moitié remplie de clés rouillées, de boutons de nacre dépolis par le fer à repasser, de boucles d'oreilles dépareillées et d'épingles de nourrice à têtes de lapins autrefois d'un bleu vif, mises de côté pour le fils désiré en vain.

2 dents de lait de chacune de ses filles (*tiens, dans la boîte aussi!*).

3 albums de photos en noir et blanc qui ressuscitent coiffures avec accroche-cœurs, jupes plaquées, corsages boléros et tarlatanes de fillettes, tout en célébrant un souriant barbu, un pied posé avec fierté sur le pare-choc de sa Pontiac noire (*il n'était vraiment pas mal mon père!*).

1 proverbe uniquement répété aux jeunes filles de son milieu (*On ne peut frire sans gras deux morceaux maigres*).

1 flacon vide de L'Air du Temps de Nina Ricci offert par un admirateur plutôt bon vivant mais évincé

pour indiscrétion (*quelle idée, cette manie des acrostiches lus en public?*).

2 FIOLES ENTAMÉES d'huile de palma-christi et plusieurs petits paquets d'alun (eh *oui! son homme la voulait très serrée pour se forcer un triomphant passage balisé de ses cris de perpétuelle vierge*).

3 PETITES CRUCHES D'ARGILE qui attendent toujours les fleurs séchées supposées les mettre en valeur, sagement assises à côté d'une bouteille de Gancia.

1 GRANDE AMERTUME de, quoique belle, ne pas être une mulâtresse à longue crinière comme ses demi-sœurs du côté paternel.

1 LISTE DE PETITES DETTES : quatre-cent-cinquante-six gourdes et quinze centimes.

2 URGENTES PRESCRIPTIONS de dates fort différentes jamais exécutées.

3 HAUTES PILES POUSSIÉREUSES de *Nous Deux* entremêlées de *Confidences* et *Intimité*, vestiges d'abonnements pris à la librairie tenue par une

jeune femme qui croyait avoir raté sa vie, parce qu'à vingt-cinq ans elle n'avait encore aucun prétendant sérieux.

SOUVENIR VIVACE du Camp-Perrin de son adolescence : estivales sérénades, parfum du sirop de canne qui marbrait le lait caillé du petit déjeuner, baignades au Palmolive avec concours de paya et tikoumbakoum à La Prise, bonbon sirop de chez Man Ga, cris de joie annonçant l'étalage des cartes d'une quinte inespérée en fin de partie de bésigue et fête de Sainte-Anne.

FINE BAGUE EN OR rehaussée d'une petite pierre rouge sang reçue de grand-mère, selon la coutume, pour lui rappeler avoir fleuri la toute première fois à douze ans.

BRACELETS D'IDENTITÉ (*dix-huit carats s'il-vous-plaît*) repris de justesse de Chez l'Ami Djo, Bric-à-Brac, Maison d'affaires, l'habituel dernier recours quand il n'y avait plus un sou à la maison.

PETITS TABLEAUX ABSTRAITS acquis d'un jeune peintre du quartier parce que les couleurs s'harmonisaient avec celles des rideaux du salon (*une vraie chance, mon chéri!*).

DES REFRAINS INCOMPLETS de l'Ensemble de Nemours Jean-Baptiste ou des airs de boléros de Méridional, fredonnés quelquefois lors du grand ménage du samedi.

2 AUNES DE BRODERIE ANGLAISE étoilée çà et là par des cafards et un délicat mouchoir de linon baptiste pris dans leurs émanations de renfermé.

4 NAPPERONS DE DENTELLE FANÉE et un étroit chemin de table défiguré par un trou aux bords calcinés (*un mégot, peut-être?*).

6 TENUES DE FÊTE MOISIES entre taffetas, crêpe de Chine, satin broché, velours, soie et organdi, toutes gravement démodées dans la vaine attente des soirées de gala promises par mon père (*je me suis toujours demandée pourquoi, à sa mort, ma mère changea soudain de couturière?*).

1 MALADIVE HABITUDE de prendre soin des autres et de toujours passer après eux, s'il en reste.

1 DIPLÔME D'ARTS MÉNAGERS encadré de chiures de mouches, preuve au mépris de l'évidence même que toute femme possédait (*ses*) dix doigts.

2 LOTS BIEN FICELÉS DE LETTRES JAUNIES de condisciples du primaire restées sans réponse et un billet jamais remis à mon grand-père qui lui inspirait des sentiments contradictoires et ne fut rencontré que trois fois, en tout et pour tout.

3 VOLUMES D'UNE ENCYCLOPÉDIE CULINAIRE française gagnés à une tombola de fin d'année, rapportés sans explication avec des pages manquantes par l'ex-amie institutrice qui les avait empruntés.

1 FATIGANTE PEUR DES RATS qui lui faisait, d'instinct, se serrer les cuisses lorsqu'ils circulaient le soir aux alentours.

1 ORATOIRE CONSACRÉ AU DIEU VODOU DAMBALLAH et caché aux yeux de ses amies par le large miroir rond de la coiffeuse d'acajou verni d'où s'exhale encore une entêtante odeur d'encens.

2 LIVRES DE CHEVET : un vieux Missel aux feuillets presque soudés par l'humidité et un *L'Ange Conducteur* à la sombre et rigide couverture tachetée de cire jaune d'où dépassait, entre deux pages, une fiche de borlette (*loterie, quand tu nous tiens...*).

3 IMAGES, BÉNIES PAR MONSEIGNEUR lui-même, représentant ses saintes préférées: Marthe sœur de Marie, Thérèse de Lisieux, Philomène vierge et martyre, toutes avec prière au verso.

1 AUSTÈRE PLAISIR à renifler les piquants et verts effluves échappés des cargaisons de vétiver ramenées de ce Port-Salut où mourut grand-père (*au fait, pourquoi l'avoir enterré à Chardonnières?*).

1 FAIBLE POUR LES PETITES CREVETTES échaudées de Cavaillon à l'arrière-goût de sable fin, proposées aux gens de passage près du pont au parapet métallique.

2 PETITS POTS EN PLASTIQUE, reliques de sa gourmande dévotion à la texture d'un dessert de la Beurrerie du Sud, entre flan et crème à la glace,

gardé une seconde avec volupté sur la langue, les yeux fermés, avant de le laisser glisser le long de la gorge.

3 USTENSILES POUR SERVICE DE TABLE réservés aux jours de réception, soigneusement protégés par un étui de toile verte molletonnée, fermé par une coulisse à cordon noir.

1 ADDICTION IRRÉMÉDIABLE à la fragrance du lait chocolaté de Chez Tante Zalie d'abord dégusté avec ses palpitantes narines, geste entrecoupé de longs hums de bonheur anticipé.

1 CHEMISE DE NUIT DE JERSEY GRIS-BLEU, précieux souvenir de ma marraine émigrée depuis longtemps au Zaïre, ondulant comme lave liquide entre une blouse à carreaux et une jupe kaki, victorieusement ramenées d'une distribution de vêtements « kennedys » après le cyclone Cléo.

2 BLANCHES SERVIETTES DE BAIN destinées à l'usage d'un éventuel médecin, pour une hypothétique visite à malade alitée, sans oublier l'inévitable cuvette émaillée (*blanche aussi, bien sûr*).

3 ROBES D'APRÈS-MIDI héritées de sa meilleure amie, plantureuse grimelle aux yeux verts, sauvée de justesse du sexe vengeur-de-race du tonton macoute en chef de la ville (*aujourd'hui, plus prédicateur que lui, tu meurs!*).

1 TENACE BOUT DE RÊVE CHIFFONNÉ de mariage à la Cathédrale des Cayes un samedi après-midi de décembre, avec diadème et longs voiles de tulle blanc, foule d'invités, carillons interminables et surtout lune de miel Chez Condé pour fermer la bouche une fois pour toutes à la famille de grand-père.

1 PETITE SERVANTE VIOLÉE de temps en temps par mon beau-père lorsqu'il la croyait profondément endormie (*sommeil feint pour continuer à ne pas savoir*).

1 FILLE AÎNÉE CHASSÉE POUR GROSSESSE À CONTRETEMPS, après maintes baignades à La Perle à l'heure des leçons de mathématiques (*encore, s'il s'agissait du fils de monsieur Habiba!*).

2 MÉDISANTES ET SECOURABLES voisines.

1 COMPAGNON DE LIT ÉGOÏSTE, brutal mais blagueur intarissable qui, à sa façon, l'honorait de quelques petits privilèges, comme l'exclusivité de ses restes pour compléter sa portion aux repas de midi.

1 FILLE CADETTE, élieduboisienne bien casée, garantie de son enterrement première classe.

JUSTEMENT, ma chère sœur pourrait aider à régler les derniers détails de la cérémonie d'adieu à notre mère mais Madame est bien trop occupée et c'est moi seule, encore une fois, qui…

# *Mon Dieu, 10 heures, mon rendez-vous au presbytère !*

POURQUOI PAS ?
POURQUOI PAS ?
POURQUOI PAS ? POURQUOI PAS ?
POURQUOI PAS ? POURQUOI PAS ?
POURQUOI PAS ? POURQUOI PAS ?
POURQUOI PAS ? POURQUOI PAS ?
POURQUOI PAS ?
POURQUOI PAS ?
POURQUOI PAS ?
POURQUOI PAS ?
POURQUOI PAS ?
POURQUOI PAS ?
POURQUOI PAS ?
POURQUOI PAS ?
POURQUOI PAS ?
POURQUOI PAS ?
POURQUOI PAS ?
POURQUOI PAS ?
POURQUOI PAS ?
POURQUOI PAS ?
POURQUOI PAS ?
POURQUOI PAS ?
POURQUOI PAS ?
POURQUOI PAS ?
POURQUOI PAS ?
POURQUOI PAS ?
POURQUOI PAS ?
POURQUOI PAS ?

**D**E TOUS LES TABOUS qui empoisonnent la vie des femmes chez nous, l'interdiction de faire la cour aux hommes m'a semblé le plus stupide. Aussi, j'y passais outre allègrement. N'allez surtout pas croire que ce fut tâche facile sous prétexte que ces messieurs ne refusent jamais une offre. Au début, je le pensais aussi mais c'est faux, archifaux. Le « Front du Refus » me l'a prouvé plus d'une fois.

Certains ont coupé court dès qu'ils se sont rendu compte de mes intentions. Comme ce latino qui m'a dit lors d'un voyage d'études à l'extérieur en me regardant droit dans les yeux : « J'ai décidé de ne plus avoir de liaisons avec des étrangères. Elles ne respectent pas les règles du jeu et foutent le bordel dans votre foyer.» Que répondre à cela?

D'autres ont joué à ne pas comprendre où je voulais en venir. On ne relevait pas mes propos tendancieux, les rares rendez-vous acceptés finissaient toujours par être annulés, une courtoise distance était maintenue : la réaction ne passera pas!

Il y eut aussi les allumeurs (vous avez bien lu, ce masculin existe car je l'ai rencontré) qui une fois ma déclaration faite, rompaient toute relation. Ils ne croyaient peut-être pas que j'aurais été aussi loin? Ils en avaient honte pour moi, on dirait. C'est simple, je ne méritais plus d'exister.

Par contre, quelques vrais adultes savaient ce qu'ils voulaient : je n'étais pas leur genre, c'est tout. Là, le seul petit problème des fois fut la façon de dire « non». Manque de pratique dans le rôle inverse? L'un d'eux a tellement été choqué par mes avances qu'il n'a pu retenir un « Oh! Oh!» scandalisé. Malgré la contrariété éprouvée, j'en ai ri pendant des jours à chaque fois que j'y repensais!

La vie aurait été bien injuste si de temps en temps elle ne m'avait mis un baume sur le cœur grâce à ceux du « Groupe Croissance Plus ». Ma façon d'agir n'étant pas évidente pour tout le monde, il y en a qui se sont faits longuement tiré l'oreille avant le « oui ». Pour faire durer le plaisir, j'imagine. L'une des rares fois où je suis passée par un intermédiaire pour me paver la voie, celui-ci a eu l'idée de parler négligemment d'un rival imaginaire à « la personne » dont il s'occupait. Je vous jure que le processus s'accéléra comme par enchantement.

Les plus prudents prenaient « une carte pelouse » et me laissaient faire seule tout le chemin jusqu'à leurs lèvres. Ainsi, pas moyen de s'entendre dire après coup qu'ils ont imaginé des choses ou croient que toutes les femmes s'intéressent à eux. Que voulez-vous, les mauvaises langues existent...

Plusieurs, agréablement surpris, renvoyaient la balle tout de suite, sans perte de temps inutile, tel l'ami qui m'a fait savoir par retour du courrier qu'(il) « cherchait sans succès depuis quelque temps à se faire adopter. » Sans commentaire.

D'autres, protecteurs à leur manière, voulaient m'épargner les tracas qu'ils avaient connus en pareilles situations. La palme revient à celui qui m'a avoué sur l'oreiller : « J'ai pris plaisir à te voir manœuvrer. Connaissant notre milieu, tu as été très courageuse. Une autre femme m'intéressait aussi à l'époque mais j'ai trouvé que tu méritais de gagner. Alors j'ai décidé de faire la moitié du chemin pour te faciliter les choses. » Contrairement aux apparences, il y a des gens qui croient encore en une justice naturelle...

Maintenant que j'ai pris l'Art comme compagnon attitré, je me rends compte n'avoir conservé que les bons souvenirs. Quelles que furent les réponses à mes honnêtes propositions (je n'ai jamais rien promis en état de veille « pour toujours »), l'expérience en soi fut instructive et intéressante. Ces hommes ont contribué, d'une façon ou d'une autre, à faire de ma vie la gratifiante expérience qu'elle a été. Comme le chante avec raison Ginette Reno, « ils m'ont tous laissé quelque chose ». Qu'ils en soient ici remerciés !

# TABLE DES MATIÈRES

www.ingramcontent.com/pod-product-compliance
Lightning Source LLC
Chambersburg PA
CBHW031835170626
46807CB00004B/1471